卡耐基给孩子讲人性的弱点

〔美〕卡耐基 原著　读书堂 编译

民主与建设出版社
·北京·

© 民主与建设出版社，2024

图书在版编目（CIP）数据

卡耐基给孩子讲人性的弱点／（美）卡耐基原著；读书堂编译．－－北京：民主与建设出版社，2024.3

ISBN 978-7-5139-4500-4

Ⅰ．①卡… Ⅱ．①卡… ②读… Ⅲ．①心理交往－少儿读物 Ⅳ．① C912.11-49

中国国家版本馆 CIP 数据核字（2024）第 020084 号

卡耐基给孩子讲人性的弱点
KANAIJI GEI HAIZI JIANG RENXING DE RUODIAN

原　　著	〔美〕卡耐基
编　　译	读书堂
责任编辑	彭　现
封面设计	木咚木咚
出版发行	民主与建设出版社有限责任公司
电　　话	（010）59417747　59419778
社　　址	北京市海淀区西三环中路 10 号望海楼 E 座 7 层
邮　　编	100142
印　　刷	天宇万达印刷有限公司
版　　次	2024 年 3 月第 1 版
印　　次	2024 年 3 月第 1 次印刷
开　　本	670mm×950mm　1/16
印　　张	10.5
字　　数	104 千字
书　　号	ISBN 978-7-5139-4500-4
定　　价	49.80 元

注：如有印、装质量问题，请与出版社联系。

写在前面的话

在日常生活、人际交往中，你有没有遇到一些让你烦恼的事呢？例如，总是看不惯别人的举动，不想被他人的想法左右，无法说服对方同意你的观点，想要顾全他人的面子却苦于找不到合适的做法，被多种负面情绪困扰，时不时地失去生活的激情，无法接纳自己……

要解决这些问题给我们带来的困扰，我们可以借助戴尔·卡耐基的视角，通过阅读他的著作——《人性的弱点》，来挖掘出那些潜藏在我们内心深处的人性的弱点，从而找到问题的根源，并将其解决掉。

戴尔·卡耐基的《人性的弱点》自1936年问世以来，受到了全球读者的欢迎。在这本书中，戴尔·卡耐基以他对人性独到的洞察，教授人们待人处事的技巧。很多人通过阅读此书，获取了处理人际关系的要领，能以良好的心理状态与他人进行沟通；学会了缓解情绪，进而掌握了身心放松的秘诀；充分认识了自己，走出了迷茫，唤起了对生活的热情。

所以，阅读《人性的弱点》一书，定能给我们带来很多有益的启发，让我们学会与人相处的技巧，拥有良好的人际关系，进而幸福地成长。

为了便于大家更好地阅读卡耐基的文字，并能在阅读之后留下深刻的印象，获取有益的、更加贴合实际的人际交往法则，我们在《人性的弱点》原书的基础上，对其内容进行了摘编和漫画式解读，这可以让阅读过程变得更加轻松有趣，相信你会爱不释手的。

只有克服人性的弱点，我们才不会被其支配，从而更好地直面自我，成为《论语》中提及的"君子"一般的人物：思想更加成熟，举止更加得体，能与人友好相处，会主动赞美他人，懂得倾听他人的话语，能委婉地提出批评与建议，可以掌控自己的情绪……

总之，希望通过阅读这本漫画书，你能变得勇于表达，找到人际交往中努力的方向和获得快乐的方法。

目 录

第一章　处世：待人处事的3个原则

01	不要批评、责怪或抱怨	002
02	真诚地赞赏他人	006
03	重视他人的想法	010

第二章　社交：受人欢迎的6个技巧

04	真诚地关心他人	016
05	始终保持微笑	020
06	记住别人的名字	024
07	倾听他人的心声	028
08	了解他人的兴趣与爱好	032
09	为对方制造备受重视的感觉	036

16

第三章　尊重：赢得他人赞同的5种方法

- 10　批评别人的原始逻辑　　　　　　　042
- 11　你的个人修养，决定你的批评效果　046
- 12　顾全对方的面子，对双方都有好处　050
- 13　请给他人一个美名　　　　　　　　054
- 14　让他人乐意去做你所建议的事　　　058

第四章　说服：让别人改变观点的8个技巧

- 15　避免正面的冲突　　　　　　　　　064
- 16　不要直接指责对方的错误　　　　　068
- 17　以友善的方法开始与人对话　　　　072
- 18　让对方开口说"是"的技巧　　　　076
- 19　给他人多说话的机会　　　　　　　080
- 20　不要将自己的观念强加于人　　　　084
- 21　满足他人渴望同情的意愿　　　　　088
- 22　试着激发他人的高尚动机　　　　　092

第五章　快乐：走出忧虑的5个秘诀

23	别让忧虑伤了我们	098
24	活在今天，不要去为明天忧虑	102
25	每个人都拥有快乐的能力	106
26	凡事都看到它最好的一面	110
27	快乐来自你为别人、别人为你	114

第六章　活力：6招让你保持精力充沛

28	及时排除体内的负面情绪	120
29	学会倾诉，释放负面情绪	124
30	不在无聊的小事上浪费精力	128
31	劳逸结合才能保持精力充沛	132
32	不要为失眠而过度忧虑	136
33	保持微笑，调节身心健康	140

第七章　成长：3招让你迈向成熟

34	勇于为自己的行为承担责任	146
35	拥有坚定的信念	150
36	喜欢自己，接纳自我	154

第一章

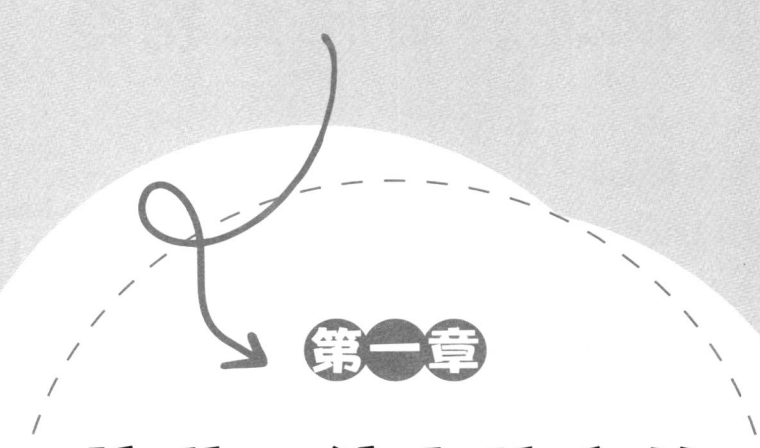

处世：待人处事的 3个原则

01
不要批评、责怪或抱怨

心理学家汉斯·希尔通过实验证明并总结道:"大量的证据表明,我们都害怕受人指责。"据说,德国军队里的士兵们,在发生某一件事后,不准许立即申诉、批评。如果他立刻申诉,就会受到处罚。

拒绝语言暴力!

你可能会遇到的问题

哈哈哈!

他肯定说我坏话了!

你不是答应过我不泄露秘密的吗?

"1分钟漫画"

你们为什么如此对待一个善良的人？！

没有罪犯会认为自己是坏人！

亡命之徒是不会自责、自省的。

30年前，我就开悟了：抱怨不是觉醒，不要埋怨他人。

华纳梅格：美国百货公司大王

卡耐基有话讲

你越攻击，顽固的人越难改变

顽固的人，换个角度来说，可以称之为信念感强的人。这类人不会轻易改变自己的想法，只要是他们认定的事实，如果你没有更加确凿、有力的证据反驳，他们就会固执到底。

批评不仅无用，还有害

批评是没有用的，因为它不会改变事实，只会使人增加一层防御，而且竭力地替自己辩护；批评也是危险的，因为它会伤害一个人的自尊和自重，并招致他们的愤恨。

卡耐基给孩子们的建议

让我们尽量去了解别人，但不要用责骂的方式。让我们尝试从对方的角度去想问题，找出他们为何要这么做的原因。这比批评、责怪要有益、有趣得多，而且还会让人对他人心生怜悯、同情、慈悲和忍耐。"不要批评、责怪或抱怨"是待人处事的第一条原则。小朋友，你知道了吗？

02
真诚地赞赏他人

世界上下恐怕只有一种方法，可以让任何一个人去做任何一件事。你知道是什么方法吗？

你可以用非常暴力的手段来逼迫他，你也可以利用对方的弱点或者把柄来胁迫他，使其乖乖就范。是的，你可以采用武力或是恐吓的方法，让一个弱者臣服于你，但是，这些方法都是粗劣的手段，是不正当的，会带来非常不好的后果。真正让他乐于合作的唯一方法，就是让他觉得自己很重要。

> 你教我打篮球，好吗？我上次看你打篮球可棒了！

> 没问题，走吧！

你可能会遇到的问题

> 大家都喜欢和黄浩玩，不喜欢我。

> 为什么他更受大家欢迎呢？

> 就是平时听课认真一点儿。

> 你课上的那个解答真棒啊！是不是平时偷偷努力了？

1分钟漫画

满足对方的心灵饥渴，便可以掌控对方的行为。
饿！
这是它们获得的奖状。
看，动物对获奖无动于衷，但是我父亲很享受这种感觉。
荣耀感促使狄更斯写下了《雾都孤儿》《双城记》等大作。
荣耀感促使洛克菲勒积累了数不清的财富。
快坐下陪我。
我和国务卿已经有约了。
连总统夫人也渴望被重视的感觉。
你年薪百万的秘密是什么呢？
我善于处理人事，管理人事。
你是怎么做到的呢？
我从不批评任何人，只给予激励。
对不起，公司因为我亏损了100万美元。
正因为有你，我们才有幸保全了60%的资金。
大佬说话就是牛！

卡耐基有话讲

人人都渴望得到别人的肯定

名人通过做慈善获得"极具重要性"的感觉，很多通缉犯采用了非正常的手段想要获得这种感觉，华盛顿喜欢别人称他"美国总统阁下"，凯瑟琳女皇拒绝拆阅没有称呼她"女皇陛下"的信笺……总之，人们都迫切渴望这种荣耀感。

千万不要把恭维当成赞美

大家都喜欢发自内心的称赞，鄙视老套、虚伪的恭维。聪明的人很容易区分二者，因为恭维的人总是带有私心，是动机不纯的。如果我们平时多注意观察别人的优点，就不会在关键时刻说出虚伪的话了。

你今天穿得真好看。

你是不是想借我的书？

卡耐基给孩子们的建议

爱默生说过:"我所遇到过的每一个人,都或多或少地能成为我的老师,因为我从他们身上学到了东西。"如果这话对于大文学家爱默生来讲都是正确可行的,那么对于我们每个人来说则更是如此。让我们停止思考我们自己的成就和需要,尽量去发现别人的优点。然后,不是恭维,而是给人真诚、慷慨的赞赏。那样,别人也会把你的言语铭记在心,珍藏在记忆里,终生不忘。

妈妈,您太会做饭了。真好吃啊!

看来你找到如何受欢迎的方法了。

03 重视他人的想法

每年夏天，我都会去钓鱼。我很喜欢吃奶制品和草莓，但我发现水里的鱼儿们好像只爱吃小虫，并不喜欢吃奶制品和草莓。所以，每当我去钓鱼的时候，我不会想自己想吃什么，而是想鱼儿们想吃什么；我不会用奶制品和草莓做鱼饵，而是用小虫或蚱蜢来做鱼饵。然后，我把鱼饵丢到水中，对鱼儿说："你们要不要尝尝看？"和别人相处不也是一样的道理吗？想要别人为你做事情，你首先得考虑他需要什么。

我吃草莓，你吃虫，鱼儿鱼儿快上钩。

真美味。

你可能会遇到的问题

走，我们去玩滑梯。

你快上来呀？

1分钟漫画

行动源自欲望。试着激发对方的这种欲望。
了解了对方的欲望，你就了解了对方的行为。
你在劝说某人做某事前，先设想一下如何做才能促使他想去做这件事。
该法屡试不爽。
在本店开演讲会，需支付3倍的租金。
如果让我继续租用，你们将会利大于弊。
你倒是说说看。
让我租用，你们将得到一笔租金和近千人前来参观的机会。
那租金上涨50%。
我只谈论对方的想法，就满足了自己的需求。
耶

卡耐基有话讲

每个人只关心自己的需求

只讨论自己的想法和需求是不成熟的表现。因为除了你自己,没有人会对它更感兴趣。别人同你一样,也只是关注自己的想法和需求是否得到满足。所以,唯一能够影响到对方想法的做法,就是讨论他所在意的东西,并且告诉他如何才能实现它。

找到你关心的和对方关心的共通之处

成功的沟通在于你能捕捉到对方的需求。还有,看一件事要兼顾你和对方不同的角度。但是,世界上有90%的人在90%的时间里把这件事给疏忽了。

卡耐基给孩子们的建议

欧文·扬曾说过:"一个人若能设身处地为他人考虑,了解他人的想法,那他自不必顾虑自己将来的前途。"世界上有太多只知道攫取、自私的人,但他们不知道的是,只有那些没有私心的、服务他人的人才能获得最大的收益。小朋友们,下次和别人说话或者交往时,你可以多听下对方的想法,因为"表现欲是人性中最原始的冲动",倾听对方的想法,既满足了他被重视的感受,又能了解他的真实想法,并通过对其心理的分析找到让他与你合作的理由。

第二章

社交：受人欢迎的6个技巧

04
真诚地关心他人

小朋友，你是不是想掌握结识更多朋友的秘诀呢？其实，我们身边就有一种动物非常擅长这种技巧。它会在离你100米远的地方就摇动尾巴奔向你，如果你摸摸它，它就会兴奋地跳起来，表示它非常喜欢你。而且，你会相信它真的对你没有其他企图，就是单纯地喜欢你。所以，我们也喜欢它。我们渴望别人喜欢自己，等待别人来关心自己，却又很少主动对他人感兴趣。当你看到这里时，是不是思考一下，从现在开始做出一点儿改变呢？

你可能会遇到的问题

贝迪！

好无聊，为什么没人和我玩呢？

1分钟漫画

你们知道我们最常用的字词是什么吗？
不。
为什么。
您好。
喂。
是“我”。这很好理解。你们看合照时，最先注意的会是谁？
孩子们，如果你们只想引人注意，你们永远不会有真诚的朋友。
怎样才能交到真朋友呢？
一个不会关心他人的人，可能会给他人带来极大的伤害和困扰。
寻找真正关心你的人。
是真心换真心吗？
请问你是如何做到大受欢迎的？
我懂人情。
我每一场表演都要对得起我的观众。
你怎样看待你们的校长？
哈佛大学
他会认真对待每一位向他提问的人……
罪魁祸首！
第一次世界大战后
德皇威廉二世下台
很高兴你能来。你写给我的信给了我很大的支持和安慰。
威廉二世逃亡到荷兰后
想要交到真朋友，你得先付出真诚。

卡耐基有话讲

不要和冷漠的人做朋友

如果一个人没有诚意和你交往，那么你在他心中便没有位置和分量，他也不会在乎你的感受和想法。和这样的人交往，我们迟早会受到伤害。所以，我们要远离冷漠的人。

> 小玲经常让我帮她抄作业。

> 你应该拒绝。她不在乎你的感受，不是真朋友。

真诚体现在细微的地方

如果你想和某个人成为好朋友，可以找个理由获取对方的生日，比如"你是否相信星座和性格有着密切的联系？"用心记下他的名字、生日，等到他生日的时候，送给他一张贺卡和祝福，这会令他非常高兴的。

> 爸爸，看！小明送了我一份生日礼物。

> 他可真是一个有心的孩子。

卡耐基给孩子们的建议

如果你想要让别人喜欢你,或是改善你的人际关系,那么你可以使用这个方法:真诚地关心他人,尝试对他人感兴趣。不仅付出关心的人应该这样,接受关心的人也理当如此。

擦伤了,很疼吧?我带你去校医室。

谢谢你。

05
始终保持微笑

我参加过一个宴会，遇到了一位刚刚得到一笔丰厚遗产的妇人。她或许是迫切想给人留下一个好印象，因为她身着价格不菲的貂皮大衣，佩戴镶满钻石和珠宝的首饰，但是大家对她还是敬而远之。因为她没有注意到自己的表情管理，她的脸上明显写着"刻薄、自私"。没有人告诉她，最让人赏心悦目的不是雍容华贵的装扮，而是由内而外散发出来的淑女气质。"我的微笑价值百万！"斯伯华的这句话真是一句真理。

你可能会遇到的问题

哼！我才是公主，你们都得听我的。

不是说好了，大家轮流当公主吗？

我们去玩别的。让她自己做公主好了。

哎，你们……

1分钟漫画

你们真是木匠世家。
很高兴聆听您的教诲。
我们的谈话很愉快，您的请求我可以满足。
您的招聘标准是什么呢？
宁可招收笑意盈盈的小学学历员工，也不要面无表情的哲学博士。
如何改变现在不太理想的生活呢？
每天微笑！
亲爱的，辛苦你这些年照料家庭！
我原以为您不好相处，但是现在我认为您富有人情味！
你这么说，我很高兴。
他们很乐观。
他们也曾惊恐、沮丧，但现在他们更加珍惜快乐。

卡耐基有话讲

刻意练习你的微笑

如果你希望别人很高兴见到你,那么你首先应该表示很高兴见到别人。所以,我建议你每天抽出一点儿时间(2分钟就可以)做一个对他人轻松微笑的练习。如此练习一周后,再与之前的面部表情进行对比,并与家长、老师或者同学分享自己的微笑心得,感受一下实际效果如何。

很好,笑容满分。

发自真心地微笑

莎士比亚说过:"好与坏无从区别,仅是个人想法使然。"世上没有比开心更重要的事,好的事情会让我们开心,不好的事情我们已经无力改变它,更不能再自寻烦恼,要让自己快乐起来。

正好可以欣赏一会儿这烟雨蒙蒙的景色,也是非常不错的!

没带伞,衣服大概要淋湿了。

卡耐基给孩子们的建议

大人总是到处寻找快乐的方法。其实，这对于你们来说很简单：你想快乐，就能快乐。做出很快乐的样子，那就能使你快乐。大多数人都认为行为受心理控制，然而事实并非如此，行为和心理其实是并行的。我们的行为可以受到自己心理的支配，我们也可以通过控制自己的行为来改变心理。因此，如果你真的感觉不快乐，那就假装自己很快乐的样子走路、说话。不久之后，快乐就会成为你的一种本能。

你们做得真好呀！我可以跟你们一起玩吗？

可以呀。

06
记住别人的名字

吉姆不到10岁时，他的父亲就去世了。为了维持家中的生活，他去了一家砖厂工作。吉姆没有机会接受更多的教育，但却有爱尔兰人达观的性格和讨人喜欢的本领，他后来从政了。多年后，他拥有了一项善于记住他人名字的奇异技能。不要感到惊奇，吉姆正是凭借这种本领才帮助罗斯福入主白宫的。

> 那您认为我成功的原因是什么呢？

> 您成功的秘诀是什么呢？

> 我能叫出5万个人的名字。

> 您能叫出1万个人的名字来。

你可能会遇到的问题

> 妈妈，今天有同学帮我了，我感谢他了。

> 你做得很好，那你有没有问人家叫什么？

> 有必要记住人家的名字吗？

1分钟漫画

"我一定会记住这些人的名字的。"

推销员的修养

"您的妻子安娜是老师,你们有三个可爱的孩子,太幸福了!"

"吉姆先生的记忆力真好啊!"

"请代我向您的妻子和儿女问好。"

"好的,再见。"

吉姆在记住别人姓名方面似乎有超能力。

罗斯福竞选总统倒计时:3个月。

"今天的这一百多封信要发给西部各州的熟人了。"

"张伯伦先生,非常感谢您设计出如此漂亮的车。"

"谢谢总统的认可。"

"他甚至都能了解清楚客户家后花园的花草呢!最关键的是他能长久地记住别人的名字。"

"一种最简单、最明显而又最重要的获得好感的方法,就是记住对方的名字。"

卡耐基有话讲

一个人的名字很重要

人们都极度重视自己的名字，并竭尽全力让自己的名字得以延续，即使牺牲也在所不惜。两百多年前，富人常给作家钱，让作家以他们的名义出书。图书馆、博物馆的丰富藏书，常由一些不愿自己的姓名被后人遗忘的人捐献。

> 这些名字可是流传了千百年呢。

记住他人的名字很重要

一般人对自己的姓名会最感兴趣，最为关心。记住他人的姓名并很自然地叫出来，就是对他最巧妙而有效的恭维。如果忘记或叫错了对方的姓名，不但会使对方难堪，也会置自己于极为不利的地位。

> 我还要感谢林妙妙同学，她是我的第一个听众，给了我很多演讲建议。

卡耐基给孩子们的建议

一种最简单、最明显、最重要的获得好感的方法，就是记住他人的名字，使他人感觉自己对于别人很重要。但多数人不会记得别人的名字，只因为他们没有下功夫。他们常常以很忙为理由安慰自己。但一般人大概都不会比罗斯福更忙，可是他甚至能把一名技工的名字牢记于心。总之，记忆名字的能力在事业、交际和政治上非常重要。

07 倾听他人的心声

最近我应邀参加了一个桥牌聚会。实际上，我不会玩桥牌，碰巧的是，当时还有另外一位漂亮的小姐也不会玩桥牌。于是，我们便闲聊了起来。这位漂亮的小姐很有礼貌地询问："那么，卡耐基先生，您能不能讲一下您所到过的名胜和看到过的神奇景色呢？"待我们在旁边的沙发椅上落座后，她却开始讲述起最近她跟她丈夫的一次非洲之旅。

你可能会遇到的问题

1分钟漫画

是那位著名的植物学家吗？
植物是室内花园的主角……
我正好可以向他询问一些种植技巧。
卡耐基是一个最有趣的谈话家。
我只不过是仔细地、静静地听着你讲话而已。
看来倾听是我们对任何人的一种尊敬和恭维。
很少有人能拒绝别人专心致志里潜藏的恭维。
《异乡人之恋》（伍福特著）
那些最爱挑剔的人、最激烈的批评者，往往会在懂倾听的人面前软化下来。
的确如此。
这样他们就永远不会和顾客见面了。
胡顿先生所述的案例中的那些不会倾听的店员应该到包装部去。
我曾经与很多名人通信，倾听他们的声音……
若干知名人物告诉我，他们所喜欢的，是那些安静倾听着的人。

卡耐基有话讲

学会倾听别人的谈话

如果你想成为一个谈笑风生、受人欢迎的人，你需要倾听别人的谈话。要使别人对你感兴趣，你先要对别人感兴趣。

养成善于倾听的习惯，往往能弥补你性格上的一些不足。

在倾听时要打开自己的耳朵。

鼓励别人多谈谈他们自己

跟你说话的人，对他来讲，他的需要、他的问题，比你的问题要重要上百倍。

所以，如果你想要别人喜欢你，那就做一个善于倾听的人，鼓励别人多谈谈他们自己。

讲出不开心的事，我觉得轻松了不少。

倾诉也能解决问题。

卡耐基给孩子们的建议

如果你想要知道，如何使人远远躲开你，背后笑你，甚至轻视你，你不妨试一下这种方法：永远不要仔细听人家讲话，不断地谈论你自己；当别人正谈着一件重要的事情时，你有了新的想法就立刻打断他，说出来。你曾遇到过那种人吗？很不幸，我碰到过。奇怪的是，有些这样的人，还是社交界的名人。他们被自己的自私和荣耀感所麻醉，而为一般人所憎厌。

08 了解他人的兴趣与爱好

凡是去牡蛎湾拜访过罗斯福的人，无不为他渊博的学识而感到惊奇。勃莱福特曾说过这样的话："无论是牧童还是骑士，政客还是外交家，罗斯福都知道应该跟他谈些什么。"那么，罗斯福是如何做到这一点的呢？答案很简单，在接见来访的客人之前，罗斯福早就准备好了那位客人所喜爱说的话题和特别感兴趣的事。

> 您知道深入人们心底的最佳途径……

> 对那人讲他了解得最多的事物。

你可能会遇到的问题

> 我同桌竟然不看动画片，平常真没有能跟他聊的。

> 还有不看动画片的同学？

> 原来他喜欢数独啊，怪不得我们没有共同话题。

1分钟漫画

吉尔夫先生肯定是要跟我分享有意义的事吧，我来瞧瞧。
吉尔夫 寄
尊敬的卡耐基先生，接下来我要跟您分享一段有趣的经历。
今天要去拜访的这个人，听说他曾签出过一张百万元的支票。
这真是一个不错的纪念品，令人百看不厌。
1000000
我会资助5个童子军去欧洲，欧洲各分公司的经理会妥善地照顾他们。
尊敬的老板，请您让我观赏一下您那张百万元的支票。
看来你对这张支票非常感兴趣。
我要跟我那些童子军们讲，我的确见到过一张百万元的支票。
我取出来给你仔细看看。
您太慷慨了！我原本只是想请您资助一个童子军。

卡耐基有话讲

找到他人的兴趣与爱好

与人沟通的诀窍就是谈论令他人感到愉悦的事情。所以，你要多花些时间，找到他人的兴趣与爱好。

妈妈，我要怎样才能交到朋友呢？

宝贝，你可以先从与自己有相同兴趣爱好的同学开始交朋友。

交友技巧交流大会

学着谈论别人感兴趣的话题

如果你想要别人喜欢你，或者是想要别人对你产生兴趣，你必须注意的一点是谈论别人感兴趣的话题。

你们最好与他人聊那些他感兴趣的事，这能很好地消除你们之间的隔阂。

卡耐基给孩子们的建议

曾担任耶鲁大学文学院教授的菲尔普斯说,他八岁时在姑妈家碰到了一位律师,这位律师在与姑妈寒暄的过程中注意到了他,于是便和他聊了很多关于帆船的事。等律师走后,菲尔普斯问姑妈为什么这位律师一直说帆船的事。姑妈告诉他:"他看到你对帆船感兴趣,所以才陪你谈论帆船,同时也让他自己受人欢迎。"

原来你喜欢数独,怪不得数学成绩那么好。

数独非常有趣,你要是想尝试,我们可以一起学。

09 为对方制造备受重视的感觉

我在纽约33号街第8号路的邮局里排队等候着发一封挂号信时,发现里面那个邮政员工作时显得很苦恼。当他为我称信时,我很热忱地说:"我真希望有你这样一头好头发!"

> 我必须说点儿什么让他感兴趣的事。

邮政员把头抬了起来,他的表情从惊讶转为微笑,很客气地说:"已经没有从前那样好了。"我很确切地告诉他,或许没有过去的那么有光泽,不过现在看来依然很不错。他非常高兴,同我愉快地交谈了几句,最后还得意地对我说:"许多人都称赞过我的头发。"

你可能会遇到的问题

> 我要是会玩该多好啊!

> 你要和我们一起玩吗?

> 我不会玩,谢谢,你们玩吧。

1分钟漫画

先生，请问您想从那个邮政员身上得到些什么呢？
如果我们的气量比酸苹果还小，那我们所要遭遇的也绝对是失败。
我确实想要从那人身上得到些什么——我使他感觉到，我替他做了一件不需要他报答的事。
请问苏文的办公室在哪里？
咨询室
亨利·苏文，18楼，1816室。
你回答问题很清楚、恰当，好像一位艺术家。
开心
习惯性称赞
写得非常好。
你想让别人喜欢你，那就让他感觉到他的重要性，而且是真诚而为。

卡耐基有话讲

永远使别人有备受重视的感觉

谢谢您，您真是一个非常有爱心的人。

人们的行为有一项绝对重要的定律。如果我们遵守这项定律，就可以避免烦忧和麻烦，会拥有无数的朋友和恒久的快乐；如果我们违反了这项定律，则会遭遇数不尽的困难。这项定律就是：永远使别人有备受重视的感觉。

你希望别人怎样待你，你就该怎样去待别人

你希望你的朋友像斯伯华所说的那样"真诚、慷慨地赞美他人"……所有的人都喜欢这样。所以，我们要由衷地遵守这条定律：你希望别人如何待你，你就应该如何待别人。

你这字笔势活泼、气韵生动，非常漂亮。

谢谢，大家都写得非常好，我们这是各有千秋。

卡耐基给孩子们的建议

你几乎每天都可以去称赞别人。平时客气的话，像"对不起""麻烦你""请你""你会介意吗""谢谢你"这些简短的话，可以减少人与人之间的纠纷，同时也能自然地表现出高贵的人格来。

别忘记爱默生所说的："凡我所遇到的人，都有比我优越的地方，而在那些方面，我能向他学习。"有些人刚刚取得一点儿成就，就感到自满，结果引起别人的反感和憎厌。

第三章

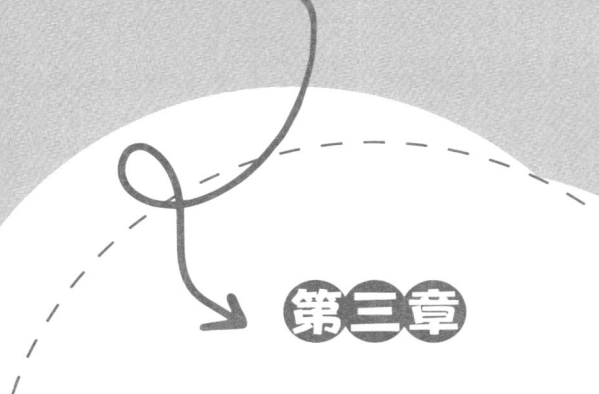

尊重：赢得他人赞同的5种方法

10
批评别人的原始逻辑

1863年4月26日，林肯在美国内战最黑暗的时期写了一封信。这是林肯任总统后，措辞最为锐利而不客气的一封信。但是在信中，林肯在指出霍格将军严重的错误前，先是称赞了他。是的，那些是他严重的错误，可是林肯并没作那样的措辞。林肯落笔稳健，具有保守的态度和外交的手腕，他写道："有些事，我对你并不十分满意。"他用机智的手腕，加上外交的词汇，取得了最终的胜利。

> 我摘录出这封信是为了说出林肯如何设法改变一位固执的将领。

你可能会遇到的问题

> 你后面还有一片地方没有打扫到。

> 真想不明白为啥总是嫌弃我。

1分钟漫画

我在您这里的收获可不小呢，下面就让我为您具体讲一下。
卡伍：培训班成员
好啊，我正好有空，可以听听。
那请你开始讲吧。
我前段时间被派往纽约找一位承包商交涉业务……
您的名字在勃洛克林市中是绝无仅有的吧？
我不知道。
我今早查电话簿时发现，勃洛克林市里只有您一个人叫这个名字。
我从来没有注意过这事。
我的祖先原籍是荷兰……
辉煌的家族史
您的铜器工厂是我所见过的最整洁、最完善的一家。
拉回正题
是的。我耗费了一生的心血经营这家工厂。
我当然知道你此次前来的目的。只是没想到我们谈得这样愉快。
我保证你们的订货会准时送达。
就这样，我顺利达到了目的。
称赞和真诚的欣赏能改变一个人的意志。

卡耐基有话讲

批评从称赞和欣赏对方开始

要想不使对方难堪、反感，而改变其意志，请记得从称赞和真诚的欣赏开始。

用委婉的方式指出他人的过错

要想劝阻一件事，请记住永远避免正面的批评。如果有必要的话，不妨旁敲侧击地去暗示对方。对人进行正面批评会伤害他人的自尊心，而如果你旁敲侧击，对方知道你用心良善，他不但会接受，还会感激你。

卡耐基给孩子们的建议

我们在听到别人对我们的称赞后,如果再听到其他不愉快的话,就比较容易接受了。

11
你的个人修养，决定你的批评效果

几年前，我的侄女约瑟芬到纽约来做我的秘书。有一天，我想要批评她时，我先对自己这样说："请等一等，戴尔·卡耐基。你的年纪比约瑟芬大一倍，你处事的经验也高过她一万倍。你怎么能希望她具有你的观点、你的判断力、你的见解呢？"

> 他不会又要开始说我了吧？

> 在批评约瑟芬之前，我要先承认自己的不完美。

你可能会遇到的问题

距离电影开场还有15分钟

> 还没来呢？

> 说好的两点见呢！

> 我不就晚了几分钟嘛！

"1分钟漫画"

卡耐基有话讲

在批评对方之前，先说出自己的错误

在批评别人之前，如果先谦逊承认自己也不是十全十美、无可指责的，然后再指出人们的错误，这样就比较容易让人接受了。

发问时，请勿用命令的语气

当说服别人时，你应该让你的语气更加柔和、委婉一些。因此，要改变一个人的意志，而不触犯他或引起他的反感，请记住：发问时，请勿用命令的语气。

卡耐基给孩子们的建议

当某人犯了错误的时候,大多数人通常会以一种居高临下的姿态对其进行说教,指使他应该怎么做,而对方也很有可能会为了维护自己的尊严而不惜与其争论。在这种尖锐对峙的情况下,没有谁能够有办法说服对方。因此,最好的办法是维护对方的尊严,换一种方式指出他的错误,引导他应该怎么做。

12 顾全对方的面子，对双方都有好处

数年前，美国奇异电气公司打算撤去斯坦米兹的会计部部长职位。

在电学方面，斯坦米兹可以算得上是一等一的人才。可是，他担任了会计部的部长。由于斯坦米兹是电学方面不可多得的人才，而且又很敏感，使得公司不敢得罪他。因此，公司特别给他一个新头衔，请他担任奇异公司的顾问工程师，而另派他人担任会计部部长一职。斯坦米兹很高兴，奇异公司的主管人员也很满意。

> 他们在平和的气氛中调动了一位有怪癖的高级职员。

你可能会遇到的问题

> 咱们班的小乐从不和大家一起玩。

> 她不会是有社交恐惧症吧？

> 谁知道呢，她不接触我们，我们就不理她！

会计师格雷琪写给我一封信，他在信中讲……
我写给卡耐基的信中讲了我辞退雇员的故事。
辞退雇员不是一件有趣的事。
请坐。我相信你们事前也知道，我们只是在忙不过来的时候，才请你们来帮忙。
这种活，都是有季节性的。
所以每年都会辞退一批雇员。
在我们这个行业中，有一句俗话——没有人愿意掌管斧头。
我所讲的这些话，会让这些人感到失望，产生一种被人辞退的感觉。
最近，我先把每人的工作细看后才跟他们谈辞退的事。
这样说，他们的心情似乎舒服多了。
先生，你这一季的工作成绩很好……公司很感激你，希望你有空常来玩！

卡耐基有话讲

顾全对方的面子很重要

　　顾全一个人的面子，那是多么重要。可是很少有人想到过。我们蹂躏别人的感情，找别人的错处，或者加以恐吓！……其实，我们只需要花几分钟的时间想一想，再说一两句体恤的话，就能体谅到对方，还可以消除很多的不愉快。

切勿以胜利者自居

　　当希腊的两位将军迪克皮斯和狄阿尼向土耳其总统凯末尔请降时，凯末尔并没有以胜利者自居，凯末尔为了减少他们心理上的痛苦，他说："战争就像一场竞技比赛，有时候高手也会遭遇到失败的。"

卡耐基给孩子们的建议

世界上真正伟大的人物,他们不会只注意自己某方面的成就。

已故的马洛先生有一种奇妙的才能,他以专门劝解两个水火不容的生死仇家著称。他是如何做到的呢?

他很仔细地找出双方都有理的事实,并对于这一点加以赞许,直到双方满意为止。并且不论最后如何解决,他决不说任何一方有错。每个仲裁者都懂得让人保全他们的面子。

13 请给他人一个美名

琴德太太刚雇好一个女佣，当那个女佣来上班的时候，琴德太太说："妮莉，前天我打电话给你以前做事的那家太太。她说你诚实可靠，会做菜，会照顾孩子，不过她说你平时有些随便，总不能将房间整理干净。但我相信她说的是没有根据的，我也相信，我们一定会相处得很好。"

> 我们相处得很好，她各方面都做得非常好。

> 那现在您和女佣相处得怎么样啊？

> 看来妮莉不得不顾全她的名誉。

你可能会遇到的问题

> 我们班有几个男生，不服从班级管理。

> 我刚刚听到班主任在向各位老师夸赞你们几个呢。

> 你作为班长可以试着赞扬一下他们。

> 那我们再接再厉。

1分钟漫画

雷布利克在这本书中，曾讲了一个卑微的女佣的惊人改变。
玛丽是雷布利克家隔壁饭店的厨房帮手。
有一天，当她端着一盘面来给我时，我坦白地对她这样说：'玛丽，你知不知道你有内在的财富？'
太太，我不敢这么想。
你有内在的财富。
我大概是暗室之宝。
太太，我要结婚了，谢谢您帮助我改变。
两个月后
祝福你，我只不过是说了一句话而已。
雷布利克给洗碗的玛丽一个美好的赞誉，并改变了她的一生。
这是过分的赞许吗？
或许是的。但每一个人都愿意竭尽所能保全别人赠予自己的美誉。

卡耐基有话讲

请给他戴一顶高帽儿

包德文铁路机车工厂总经理华克伦说过这样的话："一般人都会愿意接受指导，如果你得到他的敬重，并且对他的某种能力表示敬重的话。"我们也可以这样说，如果你想改正一个人某方面的缺点，你就要表示出他已经具有这方面的优点了。

> 我就知道你动手能力很强，一定可以将把手修好的。

> 谢谢妈妈鼓励，我会加油的。

用美名去影响一个人的行为

如果你想让对方有你所要激发的美德，那就给他一个美名，他会尽其所能地去表现，不会使你感到失望的。

> 你是大家的开心果，补充了各种食物后，会给大家带来更大的快乐哦！

> 真的吗？那我一定好好吃饭。

卡耐基给孩子们的建议

星星监狱狱长洛斯说:"如果你必须去对付一个盗贼、骗子,只有一个办法可以制服他,那就是待他如同一个诚实、体面的绅士一样,假设他是位规规矩矩的正人君子。他会感到受宠若惊,他会很骄傲地认为有人信任他。"

> 最近大家特别遵守班级纪律,得到了各科老师的夸奖,你们真是太棒了!

> 谢谢老师对我们的认可。

14 让他人乐意去做你所建议的事

1915年，欧洲各国发动了战争，为人类战争史上所罕见。美国总统威尔逊决心要做点儿什么，他派了一个代表去和欧洲的那些军阀会商。

当时国务卿柏雷恩是主张和平最有力的人，他希望为这件事奔走。他看出这是个绝好的机会——可以完成一桩名垂后世的伟大任务。可是威尔逊总统却派了另外一个人，那是柏雷恩的好友豪斯上校。

> 这次去欧洲与那些军阀会商的事，本我是准备去的。

> 总统认为一位政府大员担任代表非常不合适。

> 原来如此，那你更合适。

豪斯上校

国务卿柏雷恩

豪斯上校说柏雷恩的职位不宜担任这项工作。

你可能会遇到的问题

> 妈妈，我写完作业了，我要和爸爸去超市了。

> 他们已经走了。

> 你们去超市怎么不等我啊？

1分钟漫画

豪斯上校做到了这个规则：永远让人们乐意去做你所建议的事。
其实，我在请你做我的阁员时，也运用了这项规则。
麦克杜
威尔逊
这使我觉得我如果答应了，就好像帮了你一个大忙。
让万特经理讲一下他和技术师之间的故事吧。
那我就要开始了。
有位技术师总是抱怨工作太多，他需要一个助手。
你现在不再是任何人可以下命令使唤的修理匠了，而是服务部主任。
服务部主任
这样还真不错。
万特先生的做法让那位技术师有了自尊、自重的感觉，不再抱怨。

卡耐基有话讲

得体的拒绝也是一件值得高兴的事

名作家亨利说,"双日页"(一家出版商)有时拒绝替他出版某一部书,可是拒绝得非常谦逊得体,并没有使人产生不愉快的感觉。甚至有时候,亨利觉得虽被"双日页"拒绝了,但比别家接受他的小说还值得高兴。

> 你先和其他同学去踢球,我写完作业就过来。

> 好,那我就在球场等你。

巧妙地婉辞

> 你的作业能借我抄一下吗?昨天的作业我又不会做。

> 真的吗?那我试试。

> 你可以根据自己的理解先写,回头还可以问老师,说不定你就能弄懂了呢!

我认识一个人,经常接到演说的邀请,因此,他必须拒绝不少人。他是如何处理的呢?首先,他表示感激对方的邀请,同时表示非常抱歉。其次,他建议一位能代替他演说的人。这样双方的目的就都达到了。

卡耐基给孩子们的建议

拿破仑在建立荣誉军团时，发出1500枚十字徽章给他的士兵，赏封他的18位将军为"法国大将"，称他的军队为伟大的军队……人们说他孩子气，讥笑他拿些玩具给出生入死的老军人。但拿破仑回答："不错，有时候人就是被这些玩具所控制。"

这种以名衔、权威赠予的方法，对拿破仑有效，对你同样有效，因为这是人类的天性。所以你要想赢得他人的赞同，请记住：让人们乐意去做你所建议的事。

> 之所以只叫了哥哥去，是因为今天要买很多东西，哥哥力气比较大，正好可以拎一下。

> 给你买了你最喜欢的零食。

> 原来这样啊，谢谢你们。

第四章

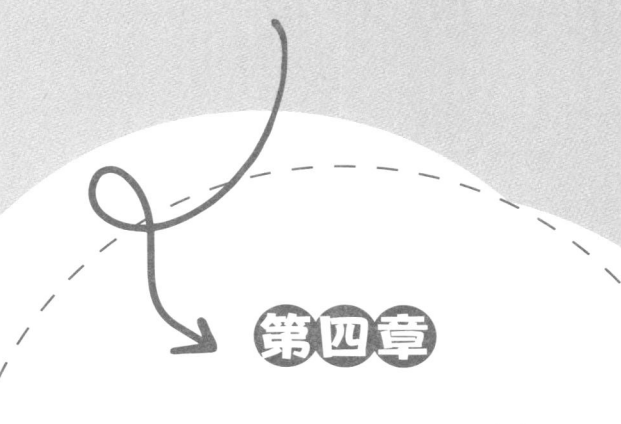

说服：让别人改变观点的8个技巧

15 避免正面的冲突

一天晚上，我参加了欢迎史密斯爵士的宴会，坐在我旁边的一位来宾讲了一段很幽默的故事，还用了一个成语。这位来宾说这个成语出自《圣经》，其实他错了，我知道那个成语出自莎士比亚的剧本。当时我为了满足自己的荣耀感，并且显出我的优越、突出，毫无顾忌地纠正了他的错误。他听到后反而更加坚持自己的见解了。

你可能会遇到的问题

你明知道我是对的，为什么还说我错了呢？
是的，它出自莎翁的作品《哈姆雷特》的第五幕第二场。
那人并没有征求你的意见，你又何必去跟他争辩呢？永远避免正面的冲突。
确实是这个道理啊。
曾经有一个好争辩的爱尔兰人叫奥哈尔……
我这人喜欢争辩，做过司机、推销员，但表现不理想。
那你应该先训练如何减少讲话和避免与人争论。
后来
成交大王
优秀推销员
最受信赖的司机
现在我学会了如何避免争论，如何少讲话。
如果你辩论、反驳，或许你会得到胜利，可你永远得不到对方的好感。
老富兰克林
林肯
不要处处跟别人计较，消耗自己的时间去和人家争论。

卡耐基有话讲

避免与固执己见的人辩论

争辩并不能获得胜利。为什么这样说呢？假定你辩论胜了对方，你自然很高兴，可是对方如何呢？你使他感觉到自卑，你伤了他的尊严，他对你获得胜利感到不满。要知道，当人们逆着自己的意见被人家说服时，他仍然会固执地坚持自己是对的。

> 我不是告诉你用我教你的简便算法嘛！
>
> 我还是习惯用老师教的那种。
>
> 哪种解题方法用得顺手就用哪种，重要的是要把题解出来。

等他能够听进你的话时，再试着说服他

释迦牟尼曾这样说过："恨永远无法止恨，只有爱可以止恨。"

> 他在走廊上故意撞我。
>
> 是你先撞了我，还不道歉，我当然要还回去。
>
> 我知道怎么回事了，不过你俩先冷静下来，这样才能解决问题。

卡耐基给孩子们的建议

有一次，林肯批评一位与同事发生冲突的年轻军官。林肯说："一个成大事的人不能处处跟别人计较，消耗自己的时间去和人家争论。无谓的争论，不但有损自己的性情，而且会使自己失去自制力。在尽可能的情形下，不妨对人谦让一点儿。与其跟一条狗抢路，不如让狗先行一步。如果被狗咬了一口，即使把它打死，也不能治好你的伤口。"

每一本书的价值不是用争论来定夺的，所以你们只要表达出各自的观点就好了。

这种没有结果的争论只会浪费时间。

确实如此。

16
不要直接指责对方的错误

> 如果你一天有一半的时间做出的结论是正确的，那你能在华尔街日赚百万美元；反之，你就不能指责别人的错误哦！

当年，罗斯福在白宫曾经承认，如果他每天有 75% 的时候做出的判断是正确的，就已经达到他最高程度的标准了。20世纪最受人关注的人所希望并努力达到的最高标准尚且如此，那么，你我又是否达到这样的标准了呢？

你可能会遇到的问题

> 他把"短"字写错了。

我所知道的是：我什么也不知道。
老师如此聪明，还老说这样的话。
我没有比苏格拉底聪明，免不了告诉别人他错了，但我会用这样的口气说出来。
好吧，让我们来探讨一
下……可是我有另外一种看法，
当然也许是不对的，我也经常
把事情弄错，如果我错了，我
愿意改正过来……现在让我们
看看究竟是怎么一回事。
你正在做的实验，需要做哪些方面的求证？
史蒂文森：科学家、探险家
我永远不敢求证什么，只试着寻求事实。
海军的申诉期限是6年吧？
法官阁下，海军法中没有这样的条文。
我没有说服法官，真是太蠢了，竟然直接说他错了。
这就是你知道某个人犯错了，还直率地告诉他的后果。
如果能承认自己随时犯错，就能免去一切麻烦。

卡耐基有话讲

直接的指责会惹怒他人

你可以用神态、声调或手势告诉一个人他错了，这跟我们说话一样有效。而如果你直接对他讲他错了，你以为他会感激你？不，永远不会！因为你对他的智力、判断、自信、自尊都给予了直接打击，他不但不会改变他的意志，还会向你反击。

换作是我，也可能会看错。

我以后一定用心答题。

委婉地指出别人的错误

如果你要纠正某人的错误，就不应该直率地告诉他，而要运用一种非常巧妙的方法，才不会得罪对方。就像吉士爵士对他儿子说的那样："我们要比人家聪明，可是你却不能告诉他你比他聪明。"

没想到你偶尔和我一样冒失。

对不起。

卡耐基给孩子们的建议

你千万不要对别人说:"你不承认自己有错,那我来证明给你看。"你这话等于是说:"我比你聪明,我要用事实来纠正你的错误。"这是一种挑衅,会引起对方的反感,不需要等你再开口,他已准备接受你的挑战了。即使你用了最温和的措辞,要改变别人的意志,也是极不容易的,何况处于那种极不自然的情况下。

17 以友善的方法开始与人对话

威尔逊总统说："如果你握紧两个拳头来找我，对不起，我敢保证我的拳头会握得和你一样紧。但如果你到我这儿来说'让我们坐下来商量，看看为什么我们彼此的意见不同'，那么不久我们就会发现，我们的分歧其实并不大，我们的看法同多异少。因此，只要我们有耐心相互沟通，我们就能相互理解。"

（威尔逊名言）

小洛克菲勒：威尔逊的这些至理名言，我最欣赏了。

你可能会遇到的问题

竟然这么大声说话。

这是公共场所，不是闲聊场所，请保持安静！

明明你训人的声音更大吧！

还好意思让顾客保持安静。

1分钟漫画

工人的目的就是涨薪，发表演讲真的有用吗？
不管结果如何，我都要试一试。
小洛克菲勒的这篇演说，字里行间都流露着友善精神。
1916
这是由公司职员及工人代表参加的集会。我之所以能来这里，全都是因为你们的厚爱。……
用一滴蜂蜜赢得了他人的心，那么，你就能使他走上理智的大道。
他善于用友善、温和的词句在法庭上表达他那强有力的观点。
丹尼尔·韦斯特律师
没错，我在法庭上经常用这样的方式说话。
我曾经生活拮据，于是就给非常难缠的房东写了一封信。
尊敬的房东，合约期已满，我会立刻搬出去。
您管理房子真有一套，我想再住一年，可我实在负担不起房租。
那你说一个能负担的数字。这房子有没有什么要为你装修的地方？

卡耐基有话讲

用一滴蜂蜜赢得他人的心

如果你想让别人同意你的观点，你就要先使他相信你是他真正的朋友，这是俘获他心灵的那一滴蜂蜜，凭借这一滴蜂蜜，你就能赢得他的心。

只有你的温柔友善，才能引导别人和你走向一致

如果一个人因为与你不和，而对你心怀不满，那么你用任何办法都不能使他信服你。我们应该明白：人们不愿改变他们的想法，不能勉强或迫使他们与你我意见一致。但如果我们温柔友善——非常温柔，非常友善——我们就能引导他们和我们走向一致。

卡耐基给孩子们的建议

如果一个人能够认识到友善可以更好地改善身边的人际关系，那么他在日常言行中也会表现出温和友善的态度来。强暴粗鲁永远不可能赢得好人缘，只有友善才能征服别人的内心。

18
让对方开口说"是"的技巧

作者说："一个'不'的反应，是最难克服的障碍。人只要一说出'不'，他的自尊心就会促使他固执己见。"

詹姆斯·艾伯森发现，一旦让顾客开始就说"是，是"，顾客便忘了他们之间的争执，并且愿意做自己所建议的事。如果让人一开始说"不"，会有什么后果呢？

你可能会遇到的问题

你怎么有些动作还是不熟练呢？

课后还有很多其他的事要做呢！

老师，您给我们俩重新调换一下搭档吧。

老师，我们配合起来太难了。

"1分钟漫画"

大家现在明白"是"的强大作用了吗?

我一定要好好利用这个方法。

信息我都填上了,现在可以为我开户了吧?

当然。

先生请,是要开户吧?

是的,我需要开银行账户。

这些信息我不想提供。

"警告"他一下:如果他不提供这些资料,我们就拒绝为他开户。

用银行的规定警告他一下,所有信息就有了。

假如您离世,您愿意把存在银行的钱转移给哪位亲属?

那填一下您最亲近的亲属的资料。

好的。

这次我就不跟客户谈银行的规定,而是谈顾客的需要。

你看,就得先问他人一个温和的话题,一个能得到"是,是"反应的问题。

卡耐基有话讲

让对方立刻给予你肯定的答复

想得到对方的肯定其实并不难，只是人们忽略了如何去做。人们总是希望一开始对方就同意自己的看法，如果不同意，就急切地想驳倒对方，以获得对方的认同。然而不幸的是，这种态度往往会适得其反。所以，最好的办法就是，一开始就让对方说"是，是"。

你是为了健身才来跑步的吧？

是哦，我真不应该一看到冰淇淋就迈不动步。

以对方肯定的答复作为辩论的基础

"苏格拉底辩论法"，就是以对方肯定的答复作为辩论基础，连续不断地发问，直到最后，对方不知不觉地发现，自己所得到的结论竟然是几分钟前还坚决反对的。

你不是制订暑假作息计划了吗？为什么还睡着呢？

反正都放暑假了，多睡会儿不耽误我执行暑假计划。

已经制订的计划不执行，你要考虑重新制订计划了。

那我还是赶紧起床吧！

卡耐基给孩子们的建议

在跟人交谈的时候，不要一开始就谈论一些你们可能有分歧的事，你应该先强调你们都同意的事，并且需要不断地强调。然后，强调你们双方都在追求同一目标，试着让对方知道，即使你们有分歧，那也只是方法上的分歧，而不是目标上的。

19
给他人多说话的机会

很多人,当需要人们赞同他的意见时,总是话说得太多了。尤其是推销员,更容易犯这个错误。我们应该让对方尽量说出他的意见来,因为他对于自己的事,或是他的问题,当然要比任何人知道得多。所以我们应该问他问题,让他来告诉我们一些事。

你必须用最诚恳的态度鼓励消费者,让他把所要说的话完全说完。这种策略,在商业上屡试不爽。

义卖

明白了,就算我不同意消费者的话,我也不会立刻插嘴的。

你可能会遇到的问题

你表哥非常优秀,你要多向人家学习。

好的,妈妈。

表哥,你能详细说说你的学习和生活习惯吗?

我们还是聊聊你在学习和生活中遇到的问题,这样才能对症下药。

我作为厂商代表去见汽车公司的高管时，嗓子竟然哑了，几乎发不出一点儿声音来。
诸位先生，我嗓子哑了，不能说话。
好吧，让我来替你说说看了！
公司决定采购你们厂50万码的坐垫布，总价是160万元。
原来让别人讲话，很值得的。
听说你28年前开始创业时，几乎一无所有。
那我讲给你听听。
几乎每一个事业上有成就的人都喜欢回忆早年苦干的情形。
即使是我们的朋友，也宁愿多谈他们自己的成就。

卡耐基有话讲

满足朋友的荣耀感

法国哲学家洛希夫克曾这样说过："如果你想得到更多的朋友，就让你的朋友胜过你。"这该如何解释呢？因为朋友胜过我们时，那就可以满足他的荣耀感；可是，如果我们胜过朋友，就会使他有种自卑的感觉，并会引起猜疑和妒忌。

> 你们俩谁踢得更好呢？

> 我们俩都差不多，我朋友是一位非常厉害的中锋。

> 是的，我们各有所长，我朋友可是非常厉害的守门员。

有些朋友，更愿意看到你的失败而不是成功

> 你的同桌怎么没参加作文竞赛呢？

> 我同桌要是参加，肯定能拿特等奖。

有些朋友看你遭遇到困难，或许会比看到你成功更为满意。所以，我们不要表现出太多的成就来，我们要虚怀若谷、处处谦逊，那样会永远使人喜欢你，谁都愿意跟你接近。

卡耐基给孩子们的建议

我们都应该谦逊，因为你我都没有什么了不起的。百年之后，我们都将为人所遗忘。仔细想一想，我们实在没有什么可以夸耀的。

> 妈妈，表哥帮我解决了不少学习过程中遇到的问题呢！

> 你表哥很谦逊，愿意将发言的机会留给你。当然，这也与你会提问有关系。你们都非常棒！

20 不要将自己的观念强加于人

费城有位塞尔兹先生，他是我讲习班的一位学员。他觉得有必要向一群意志涣散而失望的汽车推销员灌输些热情和信心。于是，他召开了一次推销员会议，让员工们告诉他，希望从他身上得到些什么。在会议上，他把员工们所提出的意见都写在黑板上。然后他说："我可以给你们所希望得到的。可是我希望你们告诉我，我在你们身上能获得些什么？"

> 听说你公司目前销货激增，公司业务蒸蒸日上。

> 诚信 合作 进取 乐观 忠心

> 我和公司的推销员做了一次精神上的交易。我对他们尽我所能，所以他们也尽了自己最大的力量。

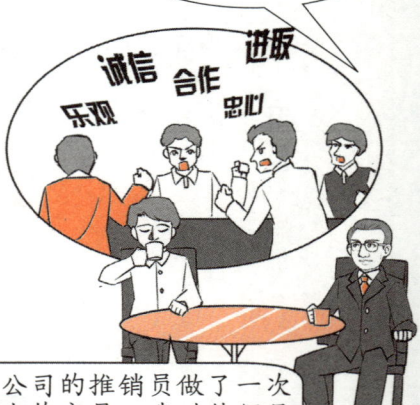

你可能会遇到的问题

> 雨天最适合穿雨靴了，可以防止把袜子、裤子弄湿。

> 好吧。

> 要是雨停了，你可以穿着雨靴去踩水玩。

> 听着不错！

1分钟漫画

罗斯福做纽约州长时，他与政党首要人物相处得很好……
州长先生，我们目前有个职位需要补缺。
那就请政党首要推荐个人吧！
这是政党首要第四次推荐过来的人，您过目一下。
我看行。
我对诸位协助推荐的人非常满意，这正是我需要的人才。
州长先生做了如此令我们满意的事，您还有什么要求尽管提。
州长任命一个人都会尊重我们的意见。
这种备受重视的感觉真好。
谁说不是呢！
数年前，我请旅行社替我安排纽伯伦斯维克的行程。
这是我曾经招待过的几个人的电话，您可以了解一下我的能力。
没想到这电话中居然有我的老熟人。这服务不错，就选这家了。

卡耐基有话讲

没有人喜欢被人强迫去做一件事

没有人喜欢被强迫去买一样东西，或是被人派遣去做一件事。我们都喜欢随自己的心愿买东西，或是照着自己的意思去做事情。同时，希望有人跟我们谈谈我们的愿望、需要、想法。

你可以下来，让我玩一会儿吗？

我觉得你应该先问问我有没有其他想玩的，而不是要我下来给你玩。

让他以为这是他的想法

豪斯曾这样说："我认识了总统以后，渐渐地发觉，使他信从一种意念，最好的办法就是不经意地将这意念移植到他的心里，使他感兴趣，并且让他自己去思索。这种方法第一次发生效果，是因为一件令人感到意外的事。"

你们是不是也想过把四边形转化成三角形，三角形的内角和是180°。

这个四边形的内角和要怎么求呢？

多亏你提醒，我们来试一试。

卡耐基给孩子们的建议

你对你自己所发现的意念，是不是比别人代你说出的更信得过？如果是的话，那你把你的意见硬生生地塞到别人的喉咙里，这是不是错误的观念？如果提出意见，启发别人自己去得出他的结论，这是不是一个更聪明的办法呢？

21
满足他人渴望同情的意愿

霍洛克是美国第一位音乐会经理人，他对如何应对艺术家，像夏里亚宾、邓肯、潘洛弗等，有20多年的经验。霍洛克告诉我，为了要应对那些性格特殊的音乐家，他获得了一个宝贵的教训。

> 我的喉咙沙哑得很厉害，今晚恐怕不能登台演唱了。

> 我可怜的朋友，那我马上来看你，然后通知他们取消今晚的节目……

> 你等一会儿再来好了，下午5点钟看看我的情形怎么样。

有3年的时间，霍洛克担任世界低音歌王夏里亚宾的经理人。最使霍洛克伤脑筋的是，夏里亚宾本身就是一个问题，他就像一个被宠坏了的孩子。

你可能会遇到的问题

> 现在体温降下来了，你感觉如何？能去上学吗？

> 我还是觉得没有力气。

> 要不等我吃完早餐看看有没有力气。

> 对的，先把早餐吃了。

> 你要是去不了学校，那就要向老师请假了。

1分钟漫画

我曾经到康科德拜访过《小妇人》作者的老家。
小妇人
天哪！我又一次说错了奥尔科特女士的家乡名。
虽然我弄错了地名，但我不会像这位太太一样一点儿礼节都不懂。
这是源源不断的谴责信。
我现在感觉有一群野蜂围绕在我头上。
您花时间写信指出我的错误，我为这件事特意向您道歉和表示谢意。
我很抱歉，我在信里粗鲁地向你发脾气。请你包涵、原谅我才是。
您总是以友善交换对方所给的侮辱，这一点非常了不起。
当我对她表示同情和道歉时，我也同样得到了她的同情和道歉。
就算是白宫的首要人物，也会被人际关系问题困扰。
塔夫脱总统
塔夫脱总统根据多年的亲身经验得出：同情是消解恶感最有效的药物。

卡耐基有话讲

同情对方的遭遇，他们就会喜欢你

你若对人这样说："对你所感觉到的情形，我一点儿也不会责怪你。如果我是你的话，我也有同样的感觉。"那么，即使是世界上最狡猾、最固执的人，也会软化下来。不过你必须极其真诚地说出那些话来。

自怜，实际上是一般人的习性

盖茨博士在《教育心理学》中如此写道："人类普遍追求同情。孩子们会急切地显示他受伤的地方，以博得大人们的同情。"成人也会到处向人显示自己的损伤，说出他们的意外事故、所患的疾病等。

卡耐基给孩子们的建议

约翰柯常说的一句话,你必须牢记在心,当他看到街上一个摇摇晃晃的醉汉时常常会说:"如果不是上帝的恩惠,我也会走上他的道路。"你明天遇到的人,可能其中的75%都渴望得到同情!如果你同情他们,他们就会喜欢你。

爸爸,这样呼吸着新鲜空气,我感觉好很多了!

儿子真棒!如果感觉不舒服,及时向老师寻求帮助。

没问题,爸爸。

22 试着激发他人的高尚动机

银行家摩根在他的一篇分析文稿中说："人会做一件事，至少有两种理由：一种是好听的，一种是真实的。"人们都想知道那个真实的理由，而我们自己却更喜欢找个美好的动机。所以要改变一个人的想法，首先需要激发他那高尚的动机。

先生，我看出您是一位讲信用的人，您不妨再考虑一下。

租约虽然未到期，但我要搬走了。

您已经交过房租了。

最光荣的事莫过于履行租约。

你可能会遇到的问题

他这是在欺负同学吧？

你是想帮同学背书包吗？真好心啊！

呃……是的。

快把书包给我，我爸爸还在半路等我呢。

1分钟漫画

- 我不愿意将母亲的照片刊登在报纸上。
- 我们都爱自己的母亲,我一定要激起对方高尚的品行。
- 那可是约翰·洛克菲勒一家。
- 这次一定要拍到他家的孩子,明天的头条新闻就有了。
- 我相信你们有人已经做了父亲,都不愿意让孩子成为新闻人物。

星期六晚报　妇女家庭杂志

创办人:柯迪斯

- 我暂时还没有能力聘请国内一流的作家替我的晚报和杂志撰稿,得想想办法。
- 先生,您签的那张支票已经捐给奥尔科特最喜欢的慈善机构了!
- 我们要善于运用人的高尚动机,我正在写信告诉她这件事,期待她能为我们撰稿。

卡耐基有话讲

人们都希望自己是高尚的

事实确实如此，凡你所见到的人，甚至你照镜子时所看到的那个人，都会把自己看得很高尚。他对自己的评价，都希望是高尚的而不自私的。

（你是不是把每本书都读得特别细致？因为你借去的书还没还我。）

（我确实会这么做，你的书我明天就还给你。）

最好相信所有人都是诚心诚意的

汤姆斯先生说："经验告诉我，当你应付顾客不得要领时，你要当那位顾客是恳切、诚实、可靠的，且他是极愿意付账的。一旦使他相信那账目是对的，他会毫不迟疑地付款。也就是说，人们都是诚实的，而且愿意履行他们该有的义务。"

（你们俩都是品德端正、懂礼貌的人，这点儿小事互相道个歉就可以了。）

（对不起，我也不应该又撞回去。）

（对不起，我不应该撞了你之后就一走了之，我向你道歉。）

卡耐基给孩子们的建议

我相信，假使真有为难人的人，如果你使他感觉到，你认为他是那么的诚实、公道、正直，大多数时候，他也会给你像你所给他的同样反应。所以，如果你想要人们按照你的想法来做，请记住这条原则：激发对方高尚的动机。

你做得很对，既避免了矛盾升级，又保护了同学，更没有让自己陷入困境。

你可以继续观察这位同学的表现，看看他有没有开始做一些高尚的事。

好，我明白了。

第五章

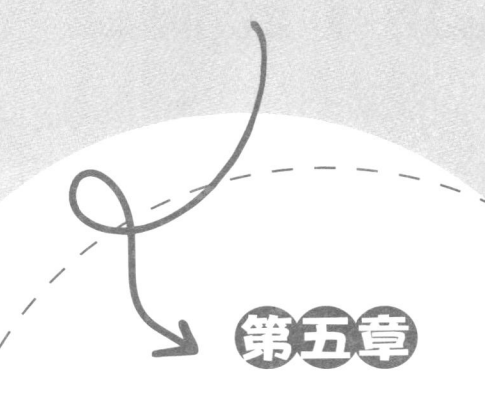

快乐：走出忧虑的5个秘诀

23
别让忧虑伤了我们

在现实生活中，我们每天必须亲自处理各种各样的日常事务，这些事务不仅是我们成长必经之事，同时也会给我们带来快乐。但在相当多的情况下，我们其中的一些人却享受不到这些事务带来的快乐，而是痛苦于由这些事务带来的种种忧虑。

A. 主观性——不同人从同一事件中感觉到的压力是不同的。
B. 评价性——人们对压力的态度（有无帮助）也是不同的。
C. 活动性——压力对每个人造成的影响是不同的。

压力是精神与身体对内在、外在事件的生理反应与心理反应。

你可能会遇到的问题

快来吃饭。

好的，妈妈。

这次没考好，真不敢把试卷给爸爸妈妈看。

1分钟漫画

- 80%的病人因为忧虑而出现一些不同寻常的症状。
- 对小学生来说，忧虑只会给你们增加学习压力。
- 谁说不是呢。当在学习上出现失误时，我们就会特别害怕家长或者老师批评。
- 其实很多时候，工作压力是我们自己制造的。
- 确实如此，无论是大人还是孩子，都是这样。
- 您知道吗？我在与压力的对抗中积攒了很多经验。
- 我非常同情你的遭遇，具体是怎么回事？
- 今天公司问我是否愿意考虑调职到日本……
- 因为你职业的关系，我们已经搬过四次家了。
- 你的另一位同事去日本了，我们总算松了一口气，你怎么就病倒了？
- 恭喜你没有进行第五次搬家。
- 爸爸，我不要再搬家。
- 因为我一直在苦苦挣扎，现在终于解脱了。
- 我也发现，人在忧虑时就会丧失分辨是非黑白的能力。

卡耐基有话讲

试着寻找压力的根源

著名的心理学者哈利·赖文生博士谈到我们对自己将来的光明前景的期待问题时说:"我们总是尽力使每一件事尽善尽美,因为我们希望能活得更像心目中的自己。"但是实际状况与自我期望之间总是有一段距离,这距离就是引起压力的根源,也称为自我的压力。

大家理想中的自己是什么样子的呢?

想象与现实之间的距离越大,我们的忧虑就会越多。

消除心中的忧虑,轻松享受生活

古罗马有这样一句谚语:"不是负担,而是过重的负担杀死熊。"换句话说,是每日的压力,加上过多的焦虑伤害了我们。

压力越大,我们就越脆弱。

我们要提升抗挫力。

过好每一天就好了。

更加爱自己。

卡耐基给孩子们的建议

有时，你在学习中受到的压力，就和你得了感冒一样，是渐渐形成的。没人能事先警觉，因为每一个人都知道，一点点的压力不会伤害你，或许还有些好处呢。但当有一天，你可能会发现你受到的压力已超过了负荷量，而你甚至不知道是从什么时候开始的。于是，你必须寻求一种医治的方法使你从十分疲惫的争斗中得以解脱。在这项个人与压力的搏斗中，你若放弃自己的一意孤行，压力就可以减少许多。

爸爸妈妈，我这次又没考好。

一次没考好并不能代表什么，在我们心中，你永远是最棒的。

爸爸妈妈会永远爱你，帮你排忧解难的。

24 活在今天，不要去为明天忧

1871年春天，一名医科学生捧起一本书读到了影响他将来一生的一句话。那时他还是医学专业的学生，他的生活中充满了忧虑："怎样才能通过期末考试？该做些什么事情？该到什么地方去？如何开一个诊所？怎样才能生活得更好？"

威廉·奥斯勒
牛津大学医学院钦定讲座教授
创建了闻名全球的约翰·霍普金斯大学医学院。
被英王封为爵士

那句话是："不要去看远处模糊的事，而要去做手边清楚的事。"

你可能会遇到的问题

下周有全校的演讲比赛，每个班上都要选出一名代表参加。

我越来越紧张了，万一明天上台忘词了怎么办？

你就当成是在我们跟前演讲一样。

你只要准备好就行了，不用担心明天会怎么样。

"1分钟漫画"

我曾在4所大学当教授,写过一本畅销书,但其实我资质平庸。

这人才智非凡啊,他也太谦虚了。

威廉·奥斯勒博士成功的秘诀到底是什么呢?

那就是"活在今天的方格中"。

"今天的方格"是什么意思呢?

船的这些大隔舱都各有用处。

我想奉劝诸位,你们也应该学会控制自己的一切。

威廉·奥斯勒去耶鲁演讲前的几个月,曾乘海轮横渡大西洋……

在新的一天,你可以祈祷:"请赐予我今日之粮。"

记住只有今天的面包我们才可能吃到。

不要为明天烦恼,一天的难处一天担当就够了。

这段富含哲理的话,世世代代地流传了下来。

所以,生活在今天的方格中,把今天的一切做得尽善尽美,是迎接未来的最好方法。

卡耐基有话讲

活在今天的方格中

只有恪守"活在今天的方格中",才能在航行中确保安全。按下一个按钮,注意观察你生活中的每一个侧面,用铁门把过去隔断——隔断那些已经逝去的昨天;按下另一个按钮,用铁门把未来也隔断——隔断那些尚未诞生的明天。然后你就安全了——你拥有所有的今天,与过去隔绝!

不要为明天忧虑

每一天都是一个新的生命,每一天都意味着一个新的开始。我们应当把每一天都看成如生命一样珍贵,努力去珍惜每分每秒,这样我们就可以享受到至高无上的快乐。

卡耐基给孩子们的建议

就让我们以生活在这一刻而感到满足吧，从现在到上床睡觉的那一刻。罗勃特·史蒂文森说："不论身上的担子有多重，人都能坚持扛下去，直到夜幕降临。不论工作有多苦，人都能努力完成。每个人都能很甜美、很可爱、很纯洁地活到太阳下山。"

> 我能站在这里没有顾虑地演讲，多亏了同学们的帮助，我要谢谢我的同学。

25 每个人都拥有快乐的能力

快乐是一种能力。快乐和愉悦并不是一回事。一位作家曾经说过:"快乐是一种礼物,创造了绝大多数生活。愉悦则来自不计后果的狂欢,让人忘记生活。"

快乐是一种善待自己的能力。

但人们总是把注意力集中在痛苦而不是快乐上。

你可能会遇到的问题

有针线痕迹会很难看吧?

我会尽力将它缝补平整的,你就不要太难过了哟!

1分钟漫画

快乐呢?快乐呢?

永远快乐的秘诀是什么?

专心

就这?

如果不专心,快乐就没有栖身之所;有了专心,快乐就在此刻。

在寻找快乐的过程中会逐渐失去本我。

当我们把注意力集中在正在完成的事情上时,快乐就会来临。

请耐心等待考题。

在等待考题的这5天中,只有一个人快乐地生活着。

在任何环境中都保持一颗快乐的心,就能走近成功!

我们用快乐来丈量生活的品质,丈量我们喜欢生活的程度。

快乐不能建立在别人身上。

思维模式　价值观念　角色认知

这是看待生活的方式,也是快乐的核心。

快乐的人知道自己的目标并了解完成目标的方法。

卡耐基有话讲

我们任何人在任何时候都有快乐的理由和资格

如果快乐要待实现某个目标后才能享受，人就会藏起自己的快乐，一直等到那个时刻。不幸的是，当这个目标真的实现时，你却会发现自己仍然快乐不起来。当你现在所做的一切都为了明天时，生活已经失真。

真希望快点儿爬到山顶。

这一路都是风景哦！

快乐也在沿途哟！

成功并不一定能够创造快乐

我们很遗憾地通知你未能晋级，请继续加油，相信你一定会越来越棒的。

参加比赛，也值得快乐。

真后悔参加。

很多人试图通过成功来创造快乐，是因为他们错误理解了这些东西带来快乐的质量和持续时间。新的幸福感很快就会暗淡，快乐开始变得平淡无奇，你只好又开始寻找下一个目标。

卡耐基给孩子们的建议

我们将制造快乐的方法称作"更高使命"或者目的。一旦你知道自己想要的,明确自己的人生应该如何度过,为什么要这样度过,你就能制定目标,并采取相应措施去实现它。

因此,如果你想拥有一个健康的人生,请注意第五条规则:每个人都可以找到一个快乐的理由。

> 我又可以和玩偶、小狗一起快乐地玩耍了。

> 是呢,我们总能通过一定的方法找到快乐的。

26
凡事都看到它最好的一面

我认识哈洛德很久了，他住在密苏里，曾经是我巡回演讲的经理。我们有一次在堪萨斯城相遇，他送我回农庄。我在途中问他是如何克服忧虑的，他说了一个使我终生难忘的故事。

早安，先生！今天天气真好，不是吗？

早安，先生。

一个失去双腿的人还能开心、快乐，我还有双腿，那我是多么富有。

你可能会遇到的问题

爸爸，我这次考得很好！

不是满分，听你们老师说有考满分的。

为什么我就不能自己跟自己比呢？

我这么说只是想让你再努力一点儿。

我正在因为自己没有鞋而难过，忽然遇见一个没有双脚的人，我的难过顿时消失了。
我每天早上都会念一念。
这是一位受伤士官的故事。
时代杂志
我能活下去吗？
你能活下去，不用担心。
想想我们应该感谢的事，并真正感谢。
斯威夫特是英国文学史上最悲观的人，但没有忘记快乐能带来健康。
世上最好的医生，是饮食有度、保持平安与愉悦的心情。——斯威夫特
露丝，你曾经就是因为忙碌和烦恼才病了一年。
是的，那一年我学会了每天早上清点自己所拥有的幸福。
罗根·史密斯曾说：“人生有两项主要目标：一是拥有你所向往的，二是享受他们。”
凡事都要看到它最好的一面。

卡耐基有话讲

珍惜我们现在所拥有的一切

给你一亿元交换你的双眼，如何？两只脚值多少钱？你的双手呢？听觉呢？……算算你所拥有的资产，你一定会发现，即使给你世上所有的财富，你也不愿意出让自己现在拥有的这些。

不要沉浸在自己的"惨境"中

叔本华说："我们很少想我们所拥有的，却总是想自己缺失的。这种倾向实在是世上最令人不幸的事之一。它带来的灾难只怕比所有的战争、疾病都重大。"

卡耐基给孩子们的建议

约翰逊曾说过:"能看到每件事情最好的一面,并养成一种习惯,这真是千金不换的珍宝。"

事实上,他二十几年来深受焦虑、饥饿、穷困之苦,遵照这句箴言终于成为当时最著名的作家与评论家。因此,如果你想拥有一个健康的人生,请记住:凡事都看到它最好的一面。

27 快乐来自你为别人、别人为你

著名心理学家阿德勒的一句话曾使我十分震动。他常对那些患有忧郁症的病人说："每天做一件让别人高兴的好事，按照这个处方，保证你14天内就能治好忧郁症。"

为什么每天做一件好事对人这么有好处呢？

因为当你去做好事时，你就不会有时间想到自己。

你可能会遇到的问题

我好像没有什么擅长的运动项目，怎么会这样呢？

你参加什么运动项目呢？

我不太擅长运动，好像没有什么能展示的……

1分钟漫画

我怎么会有兴趣去帮助别人呢？那对我有什么好处呢？
你每天总会碰到一些人，你对他们是视而不见呢，还是想多了解一点儿呢？
教授，您觉得了解别人会得到什么呢？
曾经，一个酷热的夏天，我到火车餐车上去吃午餐……
火车餐车挤得水泄不通、闷热无比。
在厨房做菜的人今天可惨了。
我听了19年客人的抱怨了，您是唯一一位对厨师表示同情的客人。
人所企求的，是自己被当作人对待。
有一次在英国，我遇到一位牧师牵着一只牧羊犬。
这真是一只壮实聪明的牧羊犬，您把它训练得真好。
谢谢。
看来我的赞赏重新引起了主人对狗的欣赏。
好棒哦！
俗话说：“赠人玫瑰，手留余香。”

卡耐基有话讲

你对别人好，也是在对自己好

你用不着变成南丁格尔或社会改革者，才能帮助这个世界——你个人的世界，你大可以从明早遇到的第一个人开始改变。

亚里士多德把这种态度称为"开化了的自私"。富兰克林说得更简单："你对别人好的时候，也就是对自己最好的时候。"

谢谢你，小姑娘。你真好。

这些瓶子送给您。

你若带给别人喜悦，你也会被喜悦传染

多想想别人，不仅可使自己免于烦恼，也可以结交更多的朋友，得到更多的乐趣。

你来尝一尝，味道可好了。

谢谢你。

卡耐基给孩子们的建议

德莱塞说过："如果人想从人生中得到快乐,就不能只想到自己,而应为他人着想,因为快乐来自你为别人、别人为你。"

如果我们真的要像德莱塞所说,去帮助别人过得更好,我们就应该立即行动,不要再浪费时间。人生这条道路,我们只能经过一次,凡我们所能做的任何善事,请现在就做,不要拖延,也不要轻视,因为我们再也不会经过这条路。

即使你现在没有擅长的运动,但你可以参加啦啦队,为大家加油鼓劲!

还真是呢!

你还可以做记分员、裁判哦!

第六章

活力：6招让你保持精力充沛

28 及时排除体内的负面情绪

这是一个令人吃惊而且非常重要的事实：单单用脑不会使你疲倦。这句话听起来非常荒谬，然而科学实验却证明了这一点。那么，是什么使你疲劳的呢？

心理治疗家认为，我们感到的疲劳，多半是由精神和情感因素引起的。

> 我们感到的大部分疲劳，都是心理影响的结果。

> 一个坐着的工作者，如果健康状况良好的话，他的疲劳百分之百受心理因素影响。

你可能会遇到的问题

> 儿子，你怎么洗个脸、刷个牙半天出不来呢？

磨磨蹭蹭

> 爸爸，我还没漱口呢！

> 爸爸怎么总是催我？我天生就是慢性子啊。

1分钟漫画

哪些因素会导致疲劳呢?

当然是烦闷、懊悔、焦急、忧虑等。

我们的情绪会使身体紧张,进而产生疲劳。

为什么我们从事脑力劳动也会紧张呢?

几乎所有的人都相信越困难的工作就越得用力做,否则就不能做好。

我们一集中精力就会皱起眉头,这实际上对我们的思考没有帮助。

放松、放松、再放松!

如果你能完全放松眼部肌肉,你就可以忘记烦恼了。

科普时间

眼睛之所以如此重要,是因为它们消耗了全身能量的25%。

5招帮你学会放松。

(1)请看《消除神经紧张》《为什么会疲倦》等好书。

(2)随时放松自己,使你的身体软得像一双旧袜子。

(3)学习时采取舒服的姿势。

(4)每天自我检查5次有没有放松。

(5)每天晚上问问自己:"我到底有多疲倦?如果我感觉疲倦,这不是我过分劳心的缘故,而是因为我做事的方法不对。"

卡耐基有话讲

别让负面情绪使你疲惫不堪

威廉·詹姆斯在那篇名为《论放松情绪》的文章里说："美国人过度紧张、坐立不安、表情痛苦，这是一种坏习惯，地地道道的坏习惯。"紧张是一种习惯，放松也是一种习惯，而坏习惯应该消除，好习惯应该保持。

及时放松自己，让好的情绪进入身体

所谓放松，就是消除所有的紧张和力气，只想到舒适和放松。开始的时候，先想如何放松眼部肌肉和脸部肌肉，不停地说着："放松……放松……放松，再放松！"要从脸部肌肉到身体中心，都完全没有紧张的感觉。

卡耐基给孩子们的建议

你曾经是否抱过在太阳底下睡觉的猫呢？当你抱起它时，它的头就像打湿了的报纸一样塌下去了，如果你想要放松，应该多去瞧瞧猫。我从来没有看过疲倦的猫，也没有看到过患精神分裂症、风湿病或担忧得染上胃溃疡的猫。要是你能学猫那样放松自己，大概就能避免这些问题了。

> 爸爸只是在你做一些事的时候催促你，那说明有些事你还是可以快速高效地完成的，所以你并不是一个磨蹭的孩子。

> 还真是这样呢，谢谢妈妈，我知道以后该怎么做了。

29 学会倾诉，释放负面情绪

一年秋天，我的助手坐飞机到波士顿参加一次世界性的最不寻常的医学课程。实际上这个课程是一种心理学的临床试验，虽然课程正式的名称叫作应用心理学，但其真正的目的却是治疗一些因忧虑而得病的人，而大部分病人都是精神上感到困扰的家庭主妇。

你可能会遇到的问题

1分钟漫画

那该怎么治疗这些人的“病”呢?
听说普拉特博士开设了医学课程。
参加课程的病人在进场之前都要进行定期和彻底的身体检查。
在普拉特博士开班的18年里，成千上万的病人“痊愈”了。
听说您坚持上了9年的课。
是的，正是在这里，我学会了怎样停止忧虑。
我们会尽量谈病人的问题，一直到她们把这些问题完全赶出大脑。
看来，减轻忧虑最好的药就是和信任的人谈论自己的问题。
我曾亲眼看到一个女人一边讲她心里的忧虑，一边平静下来。
真正引起变化的，是具有强而有力的治疗功能的语言。
我们如果碰到情感上的难题，何不去找个人谈一谈呢？当然我们要找一个能够信任的人。

卡耐基有话讲

及时吐露积压在心里的负面情绪

心理分析家们都知道，只要一个病人能够说话，单单只要说出来，就能解除他心中的忧虑。为什么呢？没有人知道确切的答案，可是我们所有的人都知道"吐露一番"或是"发发心中的闷气"，就能立刻使人觉得畅快很多。

妈妈，跟您说过我对考试的担忧之后，我感觉轻松多了。

这些不好的情绪就像雾霾，只有吐露出来，你才能看见光亮。

向别人倾吐不快，实际是在清除情绪的垃圾

不要压抑自己，多与人沟通，把心事说出来。这同样是你防止疲劳、保持精力充沛的重要规则。

来啦！

后面的比赛可要靠你啦！

没问题，大家一起加油！

卡耐基给孩子们的建议

首先，建议你准备一个本子，在上面记上自己喜欢或能振奋自己的诗歌或名人名言。当你感到沮丧或精神颓废时，翻翻这个本子，也许心情会好一些。

其次，不要在乎别人的缺点。也许他人身上的确有很多你不能容忍的地方，但试将这个人的长处都列出来看看。

最后，对他人保持一种健康、友善的兴趣，主动与人交流。

30 不在无聊的小事上浪费精力

我们一般都能很勇敢地面对生活中那些大的危机，却常常被一些小事搞得垂头丧气。拜德先生也发觉了这一点。他手下的人能够毫无怨言地从事危险而又艰苦的工作，可是常常为一些小事难过。

> 总有人乱放东西，占了我的位置。

> 我们房间有一个讲究空腹进食细嚼的家伙，我每次吃饭只有避开这个人才能吃得下。

> 我们没必要被这些小事搞得垂头丧气。

你可能会遇到的问题

> 你怎么看着不开心？快来和大家一起玩。

> 昨天被老师批评了，好丢脸，我不好意思去同学中间。

> 都上课了，你们俩还没有说完？

1分钟漫画

以前我快要被纽约公寓热水器的响声吵疯了，但后来我竟然接受了那种声音。
说来听听。
这木头燃烧的爆裂声，与热水器的声音差不多。
我现在已经忘记这些声音了，可以蒙头大睡呢！
我们被一些小事弄得很沮丧，其实是我们夸张了那些小事的重要性……
没错！
这棵树有400多年的历史。它战胜了雷击和狂风暴雨的侵袭，最后却被一小队甲虫攻击倒了。
那些用大拇指和食指就能捏死的小甲虫。

卡耐基有话讲

不在无聊的小事上浪费精力

安德烈·摩瑞斯在《本周》杂志中说:"我们常常被一点儿小事、一些本该不屑一顾的小事弄得心烦意乱……我们生活在这个世界上只有短短的几十年,而我们浪费了很多不可能再补回来的时间,去为那些一年之内就会忘掉的小事发愁。我们应该把我们的精力只用于值得做的事情上……"

不要让人生毁在一些小事上

我们也经历过生命中无数狂风暴雨和闪电的袭击,也都撑过来了,可是却被忧虑的小甲虫咬噬——那些用大拇指和食指就可以捏死的小甲虫。

卡耐基给孩子们的建议

大家都知道,"法律不会去管那些小事",人也不应该为这些小事忧愁。实际上,要想克服一些小事引起的烦恼,只要把看法和重点转移一下就可以了。这会让你有一个新的、开心点儿的看法。

> 昨天的事你还记着呀?大家才不会关注这种小事。

> 是吗?那看来我还真是太过于纠结这些小事了。

31 劳逸结合才能保持精力充沛

任何一位还在学校念书的医科学生都会告诉你，疲劳会降低身体对一般疾病的抵抗力；而任何一位心理治疗家也会告诉你，疲劳同样会降低你对忧虑和恐惧的抵抗力。所以，防止疲劳也就可以防止忧虑。

任何紧张状态，"在完全放松之后就不可能再存在了"。

杰克布森

芝加哥大学实验心理学实验室主任，《消除紧张》和《你必须放松紧张情绪》的作者，还主持研究了放松紧张情绪的方法在医学上的用途。

如果你能放松紧张情绪，就不可能再继续忧虑下去。

你可能会遇到的问题

我将来一定要考上舞蹈学院，成为舞蹈家。

想要考入舞蹈学院，也要学好文化知识。

我不能停下来，一定要学好文化知识。

1分钟漫画

第二次世界大战期间，丘吉尔的生活……
尽管我已经60岁了，但能每天工作16个小时。
丘吉尔休息法
每天早晨在床上工作到11点——看报告、口授命令、打电话，甚至在床上召开会议。
午饭之后——睡一小时。
8点的晚餐之前——在床上睡两小时。
因为我经常休息，所以能很有精神地工作下去。
洛克菲勒的财产在当时世界首屈一指，他还活到了98岁。
洛克菲勒是怎样做到的呢？
洛克菲勒家族家谱
一个原因是遗传，他家族的人都长寿。另一个原因是，他每天中午睡半小时午觉。
我常常感到劳累和筋疲力尽。我吃了些维生素和其他补药，但一点儿帮助也没有。
那你每天去“度度假”，就是当你在办公室里和部下开会的时候，躺下来放松自己。
你越来越精神焕发了，看来是越来越会休息了。
我现在每天能多工作两个小时，却很少感到疲劳。

卡耐基有话讲

学会休息，才能精神焕发

在《为什么会疲劳》一书中，丹尼尔写道："休息并不是绝对地什么都不做，休息就是修补。"短短的一点儿休息时间就能有很强的恢复能力，即使只打5分钟的瞌睡，也有助于防止疲劳。

怎么了呀？你好像不开心。

我这周的作业还写完呢！

偶尔休息一下能让你的大脑得到放松，我们先去打球吧！

好的。

早睡早起真好，身体活力满满，写起作业来思路超清晰。

在感到疲倦之前就休息

棒球名将康黎·马克告诉我，每次参赛之前，如果不睡个午觉的话，他到第五局就会感到筋疲力尽了。可是，如果他睡午觉的话，哪怕只睡5分钟，也能够赛完全场，而且一点儿也不感到疲劳。

卡耐基给孩子们的建议

在疲劳之前先休息,这样就能使你每天的清醒时间多一小时。

32 不要为失眠而过度忧虑

如果你睡眠不好的话，那你一定很忧虑吧？然而你也许不知道，国际知名律师撒姆尔·安特梅尔一辈子都没有好好睡过一天觉。

> 他的哮喘病和失眠症特别严重，每当失眠时就下床读书。

> 所以他每门功课都名列前茅，是奇才啊。

撒姆尔·安特梅尔

你可能会遇到的问题

> 妈妈总说睡得好，身体就好，学习也好，可在我身上就不灵了。

> 儿子，你不舒服吗？

> 就是没睡好。

> 你是不是遇到什么事了？可以和爸爸妈妈交流。

尽管还是会失眠，但我依然很健康。
撒姆尔·安特梅尔
他一直活到81岁了哦！
睡眠时间
人生有1/3的时间用来睡眠。
我只睡5个小时就够了。
指挥家托斯卡尼
柯立芝总统
我每天要睡11个小时。
睡眠时间因人而异。
语言是一切催眠法的主要关键。
消除神经紧张
为失眠而忧虑所产生的危害远远超过失眠本身。
如果晚上失眠，就对自己说：“我才不在乎睡得着睡不着，就算醒着躺一夜，那也能得到休息。”
1个月后
老师，我遵照医生的话做了。
现在睡眠恢复到8个小时了。
你终于没有精神上的痛苦了。

卡耐基有话讲

放松身上的肌肉

众所周知,肌肉紧张时,思想和神经就不可能放松。所以,如果我们想要入睡的话,就必须从放松肌肉开始。我们可以把几个小枕头垫在手臂底下,使自己的下颚、眼睛、手臂和双腿放松,我们就会在不知不觉中入睡了。

> 这些带有恐怖色彩的书等你长大点儿了再看,以防这些恐怖故事影响你入睡。

> 这样我就能安心地入睡了。

让身体无限疲累,你会累到倒地就睡

> 但不要在睡前3小时进行体育锻炼。

> 我白天好好锻炼,晚上肯定能睡得很好。

> 是的,我们要好好执行体育锻炼计划表哦!

另外一种治疗失眠的有效方法,就是使你自己疲倦。你可以去种花、游泳、打网球、滑雪……

卡耐基给孩子们的建议

著名的神经科医生佛斯特·甘乃迪博士告诉我，1918年，英国第五军撤退时，他就见过筋疲力尽的士兵随地倒下，睡得就像昏过去一样。虽然他用手撑开他们的眼皮，他们仍不会醒来。他们所有人的眼球都向上翻。"从那以后，每当我睡不着的时候，就把我的眼球翻到那个位置。我发现，不到几秒钟，我就会开始打哈欠，睡意沉重，这是一种我没有办法控制的自动反应。"

儿子，你怎么了？我看你无精打采好几天了。

爸爸，为什么升到高年级，我就会有失眠的情况呢？

这可能是学习压力增大的缘故。等化解了学习压力，失眠自然会好了。

33 保持微笑，调节身心健康

笑口常开，青春常在。经常笑的人，会比心情郁闷、整天绷着脸的人拥有更多的青春活力，同时，也更健康。中国著名科普作家高士其曾高度评价笑的作用，他指出："笑，是治病的偏方，是健康的使者。"

传说……

我们刚刚失去双亲，日思夜哭，所以……

二位姑娘的眼睛为何如此这般？

我有一方，可解二人之疾。

每日在足心抓49下，过半个月，病就会痊愈，切记，要当心，抓多了不灵，抓少了不行。

这样，她们手指一触足心就发痒，就会忍不住笑出来，不到半个月，眼疾就能痊愈。

你可能会遇到的问题

作业总写不完……

你是不是开着"拖拉机"啊？下次试试"超级跑车"。

妈妈真幽默，下次我一定开"超级跑车"。

1分钟漫画

笑带来的好处，与锻炼给心血管带来的好处一样。
研究显示：笑和做有氧运动差不多。
是的，不过笑不可能取代体育锻炼，两者应该有规律地同时进行。
笑还可以使我们远离由运动带来的伤痛和肌肉紧张。
建议人们一周进行3次体育锻炼，每次30分钟；另外，每天要笑15分钟。
如今，人们纷纷做出努力，千方百计地创造条件，让大家生活得快乐些。
下面是奥尔嘉·加维的故事，我们能从他身上学到一些东西。
医生，我可能不久于人世，会很慢、很痛苦地死去。
奥尔嘉，你碰上了最坏的情况。但你要面对现实，不要忧虑，然后想点儿办法。
8年后
我再也没有像现在这么健康过，这都多亏了“面对现实，不要忧虑，然后想点儿办法”这句话。

卡耐基有话讲

停止忧虑，笑能让你保持健康

笑有利于促进消化、血液循环和新陈代谢，重要的是，笑有助于我们乐观地对待现实。生活中如果没有了笑声，人就会生病，并使病情日趋严重，而笑则能激起内分泌系统的积极活动，进而有效地解除病痛。

> 我们也可以学习他乐观的态度。
>
> 还真是。

笑能使人的才能、智力等得到最佳发挥

笑能使大脑皮层处于中等兴奋状态。这是一种最佳情绪和最佳心理状态。在这种状态下，大脑皮层对身体内外的刺激会产生最佳反应，并发出最佳指令，从而使身体各部分得到最佳调节；同时，它能使人的才能、智力、体力和创造力得到最佳发挥。

> 哈哈！我要把这些幽默的笑话讲给同学们听，让他们也乐一乐。

卡耐基给孩子们的建议

莎士比亚曾说过一句话:"如果你在一天之中没有笑,那你这一天就算是白活了。"

一些保健专家建议:医生不要犹豫为病人开出"笑"的处方,给他们指出适当的笑的频率,教给他们一些发笑方法,这对健康和长寿是有益而无害的。所以,经常保持微笑,你的身心自然会得到调节。

妈妈,我今天开的是"超级跑车",已经把作业写完了。

好棒!那接下来的时间你就可以自由支配了。

第七章

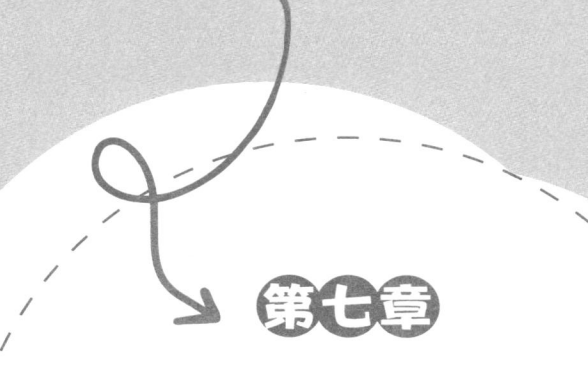

成长：3招让你迈向成熟

34 勇于为自己的行为承担责任

有一天，我的正在学走路的小女儿达娜将客厅的一把小椅子搬到厨房去，因为她想站上去拿冰箱里的东西。我看到这一情景，急忙冲过去，但还是没能阻止她从椅子上摔下来。

都怪你，害得我摔了一跤！

责怪这些毫不相干的事物，难道就能减轻跌倒的痛苦？

你可能会遇到的问题

我只是想擦擦它而已，不是故意的。

怎么这么不小心啊？！这可是我专门定做的。

爸爸竟然这样凶我，他是不是不爱我了？

1分钟漫画

为什么很多人都喜欢让他人去承担责任呢？
因为责怪别人比自己承担起责任更容易。
我希望你不要指望我能记住别人的姓名。
为什么呢？
我们家族的记忆力一向都不好……
姑娘，你这是觉得责怪家族遗传要比努力提高记忆力更容易吧？
您说得是，还请您帮我改善记忆力。
当然。
1864年，林肯的演讲
我对美国人民、美国历史，还有上帝最后的审判，均负有责任。
林肯的这番话可以说是人类史上最勇敢的宣言。
儿童精神病学
许多向心理医生求助的人通常喜欢为自己的弱点及行为找出一个借口。

卡耐基有话讲

对自己的行为负责

自古以来，人们就普遍存在着一种诿过于人的不良倾向。习惯于推脱责任、为自己做错事寻找借口的人也大有人在。

对不起，我昨天弄断了你的铅笔，这支新的给你。

没关系，那是我们在玩，我也有责任的。

遇事先寻找借口的人，人生永远在原地徘徊

在不成熟的人的眼里，他们永远都可以找到一些理由，而且是外部环境的理由。他们通过这些来将他们自身的某些缺点或不幸合理化，然后沉浸其中，渴望得到特殊对待。

我也不差啊，怎么大家就知道夸姐姐？

你应该从自己身上找找原因。

卡耐基给孩子们的建议

一个人要想变得成熟,首先要做的就是学会承担责任。我们生活在这个世界上,就必须面对生命中的许多责任,在受难或跌倒的时候,绝不可像孩子一样去踢椅子出气。

> 爸爸,对不起,我打碎了您喜爱的相框。

> 我也向你道歉,不应该平白无故地凶你。

> 为自己的行为承担责任,就能大事化小,小事化了。

35 拥有坚定的信念

《如何度过一年365天》的作者约翰·席勒向人们揭示："成熟必须靠学习得来。而且通常必须经历过苦难才能学到。"这一观点也正是李莉安·赫德里所学得的教训。

> 我不想毫无奋斗便宣告投降！

> 您的脊椎骨严重僵硬，也许再过五六年，全身就再无法动弹。

你可能会遇到的问题

> 我怎么就学不会骑自行车呢？

> 爸爸，我要放弃了。

> 熟能生巧，你再坚持一段时间。

1分钟漫画

太太,您的脊椎骨的情况良好,看来可以继续维持下一个5年。

5年后

只要我身上的肌肉还能活动,我一定……

赫德里太太成熟的表现来自一个信念及采取的一系列行动。

坚定的信念能战胜病魔。

再讲一下雷纳·川伽的故事。

1928年,川伽先生继承了一笔产业。但在10年后却宣告破产。

我父亲事业有成,只要我需要花钱,他就允许我用银行账号开支票。

雷纳·川伽

起来吧,要起来工作!

可偏偏赶上了大萧条,而且他不会打理财富……

他父亲过世时给他留下了价值不菲的土地。

聘

我拥有一个健康的身体、一份大学文凭,我不会轻言放弃。

4年后

4年的工作经验,一定能帮我踏上成功的大道。

后来,拥有坚定信念和超强行动力的雷纳·川伽,把他曾经失去的都赚了回来。

坚定的信念可以战胜现实中的磨难。

还要采取行动,不然也不会有作为的。

卡耐基有话讲

成为拥有坚定信念的人

人们的信念往往是依靠行动表现出来的。如果我们不行动，则任何哲学理论，对我们也丝毫不起作用，那我们的生命也将失去它真正的意义。

> 我真差劲，考得这么差。

> 总结经验，接下来好好努力就是了。

我们一旦有了坚定的信念，就应当付诸行动

> 我现在要好好练习书法，争取下次大赛拿奖。

人跌倒，不是因为没有信念，而是因为不能把信念化成行动，并且不顾一切地坚持到底。

卡耐基给孩子们的建议

要想让自己变得成熟，仅有信念是不够的。有信念的好处是能增强勇气，使我们在接受考验的时候，不至于临阵退缩。除非我们以信念做基础，然后付诸行动，否则任何大道理与原则对我们都无济于事。

36 喜欢自己，接纳自我

史迈利·布兰敦在一本书中写道："对每一个正常人来说，适当程度的'自爱'是很健康的表现。为了从事工作或达到某种目标，适度关心自己是绝对必要的。"

"喜欢自己"意味着我们清醒、实际地接受自己的本来面目，并保持自重和人性的尊严。

喜欢自己

你可能会遇到的问题

阅读理解题 拿满分！！

我一定要把这几道题做完，对完答案再睡。

快睡吧，明天还要上学呢？

你应当适当地放下完美主义。

1分钟漫画

喜欢自己，是否与喜欢别人一样重要？
这只是人们面对自己和他人的一种态度。
当我站起来演讲的时候，立刻意识到自己笨拙、胆怯的表现，我便失去了继续讲下去的勇气。
并不是缺点使你的演讲不成功，而是你没有把自己的长处发挥出来。
这位女士做个小小的报告都要研究这么长时间。
这样的完美，让人有些接受不了。
她对每件事都力求精确，至于演讲，就更要准备到精疲力竭为止。
每次请客她都要事前计划得尽善尽美。
她所表现出的，却是一种冷酷的、机械性的完美。
要求自己时时保持完美，是一种极其残酷的自我主义。
完美主义者也与一般人一样会犯错、会失败。千万别这么苛待自己。
我怎么犯这种愚蠢的错误，我可是完美主义者。

卡耐基有话讲

把注意力放在我们的优点上

莎士比亚的戏剧里有许多历史和地理上的错误，狄更斯的小说中也有不少过度矫情的地方。但是谁会在乎这些缺点呢？这些作品闪耀着不朽的光辉——由于它们的优点那么显著。我们爱身边的朋友，是因为他们的种种优点，而根本不在乎其缺点。

> 她们这么厉害，我一上场就犯错。

> 偶尔犯错能让你学到一些经验。

> 我勤奋练习一定会有效果的。

欲爱别人，先爱自己

我们必须了解一个事实：没有人能永远达到百分之百的成功率，包括我们自己。期待别人完美是不公平的，期待自己完美则是愚蠢的表现。

> 饮食平衡，作息规律，总会长高的。

> 那太好了！

卡耐基给孩子们的建议

每天给自己独处的时间，从而可以更清楚地认识自己。独处也是学习喜欢自己的好方法。马里兰州巴尔的摩赛顿心理学院的医疗主任李奥·巴德莫医师曾说过："人们惯常在晚上休息时冥想当日的种种活动。这种独思冥想的习惯，对于学习如何与自己相处，无疑是一种上上策。"

你追求完美主义是为了提高自己，但我们很难把事情做到完美，而且你这么辛苦并不能证明你打败了这个弱项。

我们要学会接纳自己，追求完美不是苛待自己。

那我需要做出一些改变了。